BEI GRIN MACHT SICH IHR
WISSEN BEZAHLT

- Wir veröffentlichen Ihre Hausarbeit,
  Bachelor- und Masterarbeit

- Ihr eigenes eBook und Buch -
  weltweit in allen wichtigen Shops

- Verdienen Sie an jedem Verkauf

Jetzt bei www.GRIN.com hochladen
und kostenlos publizieren

Bibliografische Information der Deutschen Nationalbibliothek:

Die Deutsche Bibliothek verzeichnet diese Publikation in der Deutschen National-
bibliografie; detaillierte bibliografische Daten sind im Internet über http://dnb.d-
nb.de/ abrufbar.

Dieses Werk sowie alle darin enthaltenen einzelnen Beiträge und Abbildungen
sind urheberrechtlich geschützt. Jede Verwertung, die nicht ausdrücklich vom
Urheberrechtsschutz zugelassen ist, bedarf der vorherigen Zustimmung des Verla-
ges. Das gilt insbesondere für Vervielfältigungen, Bearbeitungen, Übersetzungen,
Mikroverfilmungen, Auswertungen durch Datenbanken und für die Einspeicherung
und Verarbeitung in elektronische Systeme. Alle Rechte, auch die des auszugsweisen
Nachdrucks, der fotomechanischen Wiedergabe (einschließlich Mikrokopie) sowie
der Auswertung durch Datenbanken oder ähnliche Einrichtungen, vorbehalten.

Impressum:

Copyright © 2010 GRIN Verlag, Open Publishing GmbH
Druck und Bindung: Books on Demand GmbH, Norderstedt Germany
ISBN: 9783668537101

Dieses Buch bei GRIN:

http://www.grin.com/de/e-book/374954/ekg-analyse-nach-pommerin-und-hegele-
der-sprachenunterricht-in-einer

Julia Moosbauer

EKG - Analyse nach Pommerin und Hegele. Der Sprachenunterricht in einer multinationalen Regelklasse

GRIN Verlag

GRIN - Your knowledge has value

Der GRIN Verlag publiziert seit 1998 wissenschaftliche Arbeiten von Studenten, Hochschullehrern und anderen Akademikern als eBook und gedrucktes Buch. Die Verlagswebsite www.grin.com ist die ideale Plattform zur Veröffentlichung von Hausarbeiten, Abschlussarbeiten, wissenschaftlichen Aufsätzen, Dissertationen und Fachbüchern.

Hausarbeit zu dem Thema:

EKG - Analyse nach Pommerin und Hegele

Verfasserin:

Julia Moosbauer

Seminar:

Fehleranalyse

Universität Erlangen-Nürnberg/ EWF

Lehrstuhl: Didaktik des Deutschen als Zweitsprache

Inhaltsverzeichnis

1. Einleitung

In dem Buch *Gemeinsam Deutsch lernen. Interkulturelle Spracharbeit mit ausländischen und deutschen Schülern* beschreiben Hegele und Pommerin eine Fehleranalyse auf drei Ebenen: Erfahrung, Kommunikation und Grammatik. Bevor die so genannte *EKG – Analyse* jedoch genauer erläutert wird, beschäftigt sich das Werk zunächst mit der gegenwärtigen Situation der Einwanderer und ihrer Kinder sowie diversen bildungspolitischen Modellen, um dann auf der Basis des Konzepts einer *interkulturellen Erziehung* die theoretischen Grundlagen und praktischen Realisationen eines Sprachunterrichts in der multinationalen Regelklasse aufzuzeigen.

Im ersten Kapitel des Buches von Hegele und Pommerin wird die Bildungsmisere angesprochen. Dabei wird deutlich gemacht, wie wichtig es ist, sich als Lehrer mit den Lebensschicksalen seiner Schüler auseinanderzusetzen und diese möglichst differenziert zu erfassen. Darüber hinaus wird der Sprache eine grundlegende Bedeutung beigemessen. Die deutsche Sprache ist für das ausländische Kind Sozialisationssprache und damit ein „unverzichtbares Instrument zur Selbstfindung und Selbstdarstellung, zur Verständigung mit anderen und zur Erschließung von Wirklichkeit"[1]. Die Lebenssituation der Schüler soll daher in mündlicher und schriftlicher Form geäußert werden.[2] Ein praktisches Beispiel hierfür sind so genannte *Ich–Hefte*, in denen Schüler über ihr Leben und ihre Erfahrungen erzählen und dabei Wünsche, Ängste, Konflikte, aber auch positive Erfahrungen und Zukunftspläne äußern können.[3]

Das zweite Kapitel befasst sich mit verschiedenen bildungspolitischen Modellen des deutschen Schulsystems, die die Situation ausländischer Kinder bestimmen. Das *Bayerische Modell* beispielsweise schlägt die Bildung nationalhomogener bilingualer Schulklassen vor, welche die gesamte Schullaufbahn hindurch bestehen sollen. Diese vermeiden einerseits eher eine Entfremdung von der Herkunftskultur ausländischer Schüler, bereiten aber nur unzureichend auf ihr Leben in Deutschland vor und können eine Abgrenzung deutscher von ausländischen Mitbürgern unterstützen.[4] Das Bildungskonzept einer Integration ausländischer Kinder in die deutsche Regelklasse, bei dem Muttersprache, Religion und heimatliche

---

[1] Hegele und Pommerin, 1983, S. 15.
[2] Vgl. Hegele und Pommerin, 1983, S. 14f.
[3] Vgl. Hegele und Pommerin, 1983, S. 18.
[4] Vgl. Hegele und Pommerin, 1983, S. 26f.

Landeskunde nur ein Zusatzangebot darstellen, wird ebenfalls diskutiert. In diesem Entwurf wird durch die direkte Integration einerseits die Chancengleichheit von ausländischen und deutschen Kindern verbessert, andererseits ergibt sich aber möglicherweise eine Entwurzelung von deren Herkunftssprache und -kultur.[5] „In beiden Fällen wird dem ausländischen Heranwachsenden die Identitätsfindung in seiner besonderen von zwei Kulturen geprägten Lebenswelt verweigert."[6]

Im weiteren Verlauf des Buches wird die *interkulturelle Erziehung* thematisiert. Sie soll gegenseitige Vorurteile abbauen, Verständnis für fremdes Verhalten wecken und deutschen und ausländischen Schülern ermöglichen, voneinander zu lernen. Die Schule soll dabei eine Begegnungsstätte für die deutsche und ausländische Bevölkerung darstellen. Dazu müssen sowohl die inhaltlichen Bildungsangebote, als auch die schulische Organisation verbessert werden.[7] „Nur die multinationale Regelklasse bietet [nach Aussage von Hegel und Pommerin] letztlich ausreichend Möglichkeiten, ausländische und deutsche Kinder zusammenzuführen, gegenseitige Vorurteile abzubauen und ein Verstehen untereinander anzubahnen."[8]

---

[5] Vgl. Hegele und Pommerin, 1983, S. 29f.
[6] Hegele und Pommerin, 1983, S. 30.
[7] Vgl. Hegele und Pommerin, 1983, S. 31 und 38.
[8] Hegele und Pommerin, 1983, S. 40.

2. Spracherwerb und Erfahrungsgewinn

Ein grundlegender Ansatzpunkt des Werkes von Hegele und Pommerin ist der Zusammenhang von Sprache und Erfahrung. Denn nur durch Sprache können Schüler ihre Erfahrungen entfalten. Im intensiven Kontakt mit deutschen Schülern vollzieht sich der Spracherwerb ausländischer Kinder deutlich schneller. Ein so genannter *kontaktbezogener Spracherwerb* vollzieht sich in einem „Sprachunterricht, der Gelegenheit bietet, daß[9] Kinder unterschiedlicher Herkunft, Sprache und Kultur miteinander spielen, lernen, ihr Wissen übereinander und über die Welt erweitern und dieses Wissen dazu gebrauchen, um sich miteinander zu verständigen, sich selbst und den anderen in seiner Entwicklung zu fördern."[10] Interkulturelles Lernen findet durch Sprache statt. Demzufolge kommt dem Deutschunterricht eine große Bedeutung zu. Dieser darf sich jedoch nicht darauf beschränken, ausschließlich sprachliches Wissen zu vermitteln, sondern muss den Erfahrungsgewinn und die Sinn-Verständigung der Schüler untereinander fördern. Sprachliche und kommunikative Fähigkeiten, Techniken und Wissen sollen in den Prozess gegenseitiger Verständigung eingebunden werden. Diese Sinnverständigung – und damit jegliche Kommunikation – gelingt allerdings nur unter der Voraussetzung, dass die Kommunikationspartner sowohl die Ebene der Sachverhalte, als auch die Ebene der Intersubjektivität betreten, auf welcher Menschen ihre Beziehungen zueinander herstellen.[11] Nur „[...] wenn Sprecher und Hörer ihren Äußerungen die Kriterien der Verständlichkeit, Wahrheit, Wahrhaftigkeit und Angemessenheit bzw. Richtigkeit als verbindlich unterstellen und im Vollzug ihrer sprachlichen Handlungen auch einlösen [...]"[12], können sie sich wirklich verstehen und verständigen. Deutschunterricht soll also insofern einen Beitrag zur *interkulturellen Erziehung* leisten, als er die Erfahrungen der Schüler aufgreift, ihnen zur Entfaltung verhilft und so für Prozesse gegenseitiger Verständigung fruchtbar macht.[13]

Im Streit um die Funktion des Sprachunterrichts für ausländische Kinder setzen sich vor allem zwei Ansätze durch: der *erfahrungsentfaltende* und der *grammatikalisierende Sprachunterricht*. Im Konzept von Hegele und Pommerin dagegen „[...] soll versucht werden, eine Synthese herzustellen zwischen spielerischen Verfahren der Sprachaneignung, der

---

[9] Die vorliegende Arbeit wurde nach den Regeln der neuen Rechtschreibung verfasst. Wenn aber nachfolgend aus Werken zitiert wird, die in alter Rechtschreibung verfasst sind, so wird unverändert zitiert.
[10] Hegele und Pommerin, 1983, S. 42.
[11] Vgl. Hegele und Pommerin, 1983, S. 45f.
[12] Hegele und Pommerin, 1983, S. 47.
[13] Vgl. Hegele und Pommerin, 1983, S. 47.

Entfaltung von Erfahrungen und Wissen durch Sprache und der Systematisierung von Sprache durch funktionale Bewusstmachung grammatischer und kommunikativer Regelhaftigkeiten."[14]

Spracherwerb und Erfahrungsgewinn sind weder im natürlichen Spracherwerb noch im alltäglichen Sprachgebrauch zu trennen. Sprache wird – ebenso wie Erfahrung – in konkreten Handlungszusammenhängen erworben. „Es ist festzustellen, daß sich Spracherwerb und Sprachgebrauch in außerschulischen Lebenssituationen über inhaltliche Kategorien entwickeln, also über Erfahrungen, und nicht losgelöst von ihnen."[15] Sprache ermöglicht so zugleich die Artikulation und die Aneignung von Erfahrungen.

Erfahrungen werden also immer in bestimmten Situationen gemacht, in denen Kinder Wirklichkeit erleben können. Beispielsweise eine Einkaufssituation kann Erfahrungen ermöglichen und zugleich bestimmte sprachliche und kommunikative Strategien vermitteln.[16] Die Gestaltung einer solchen Situation muss vom Vorwissen über ähnliche Situationen, sprachlichen Fähigkeiten und der Einschätzung der Beziehungsverhältnisse der handelnden Personen abhängig gemacht werden.

Aus solchen Sprachlernsituationen heraus können zudem wichtige Erkenntnisse über den kindlichen Sprachstand und die Planung eines individuellen Sprachunterrichts gewonnen werden.[17] Dabei bieten sich zwei unterschiedliche Vorgehensweisen an: Induktive Verfahren gehen von der besonderen Lage des einzelnen Kindes aus und führen über Beobachtungen, Befragungen etc. zu ihrer allgemeinen Situation. Deduktive Verfahren dagegen orientieren sich an der allgemeinen Analyse der Lebenswirklichkeit der Schüler, aus denen sich dann Sprachhandlungsanlässe für das einzelne Kind und seinen besonderen Fall ergeben.[18]

„Die Lebendigkeit eines situativen Sprachunterrichts löst zwar einerseits Betroffenheit beim sprachlernenden Kind aus, die es zum Sprachlernen und Sprachhandeln anregt und herausfordert, sie übt aber zugleich auch einen ungeheuren Handlungsdruck aus, vor dem es in der außerschulischen Realität häufig genug kapituliert." Statt also ausschließlich in *Ernstfallsituationen* zu lernen, soll vielmehr das Interesse der Schüler, ihre Vorerfahrungen,

---

[14] Hegele und Pommerin, 1983, S. 47f.
[15] Hegele und Pommerin, 1983, S. 52.
[16] Vgl. Hegele und Pommerin, 1983, S. 53f.
[17] Vgl. Hegele und Pommerin, 1983, S. 59.
[18] Vgl. Hegele und Pommerin, 1983, S. 62.

Lernbedingungen und mögliche Zielsetzungen bei der Wahl einer Situation berücksichtigt werden. Dazu muss der Lehrer auf vorherige Ergebnisse der Sprachdiagnose und der Schülerbeobachtung eingehen. Sinnvolles Probehandeln in Situationen sollte immer aus dem Bedürfnis entstehen, einen Handlungszusammenhang besser zu verstehen und zu bearbeiten, damit der Sprachlernende weiß, wozu er bestimmte sprachliche Fähigkeiten weiterentwickeln soll.

Ein erfahrungsentfaltender Deutschunterricht beurteilt diese sprachlichen Fähigkeiten und Defizite aber keineswegs nur auf der grammatischen und orthografischen Ebene, sondern berücksichtigt insbesondere die kommunikativen Fähigkeiten der Schüler. Nur so können sich grammatische und kommunikative Lernprozesse sowie Wissenserwerb gegenseitig beleben und unterstützen.[19]

3. Die EKG – Analyse

Um eine isolierte Fehlerdiagnose zu vermeiden empfehlen Hegele und Pommerin eine Analyse auf den bereits in der Einleitung erwähnten Ebenen der Erfahrungsinhalte, der Kommunikationsstrategien sowie der Grammatik und Orthographie. Diese drei Analysekriterien von Schülertexten müssen dabei stets zueinander in Beziehung gesetzt betrachtet werden.

Für die meisten Lehrer ist es üblich, sich die Fehler und Defizite in einem Text zunächst nur unter formalem Aspekt als grammatische bzw. orthographische Abweichung von der sprachlichen Norm zu betrachten. Nach dem Konzept von Hegele und Pommerin ist der Ansatzpunkt dagegen die Erfahrungsebene der Sprachlerner. Demgemäß ist es sinnvoll, das Augenmerk zuerst auf die inhaltlichen Aussagen zu legen, die der Schüler mitgeteilt hat bzw. mitteilen wollte, um so gleichzeitig die kommunikativen Strategien und sprachlichen Mittel zu hinterfragen.[20] „Erst in der sicheren Kenntnis der Diskrepanz zwischen Ausdrucksbedürfnis und Ausdrucksfähigkeit zu einem bestimmten Zeitpunkt des Zweitspracherwerbsprozesses kann der Lehrer den ausländischen Schüler gezielt und individuell fördern."[21]

---

[19] Vgl. Hegele und Pommerin, 1983, S. 63ff.
[20] Vgl. Hegele und Pommerin, 1983, S. 67.
[21] Hegele und Pommerin, 1983, S. 67.

3.1. Erfahrungsanalyse

Die Erfahrungsanalyse soll besonders folgende Kriterien beinhalten:

- ✓ Welche Inhalte und Themen werden in den Äußerungen der Schüler direkt angesprochen oder sind zwischen den Zeilen erkennbar?
- ✓ Über welche Erfahrungen verfügt das Kind und über welche offensichtlich noch nicht?
- ✓ Mit Hilfe welcher Redestrategien und Sprachmittel werden die Erfahrungen zum Ausdruck gebracht?
- ✓ Welche Erfahrungen hat der Schüler in seiner Muttersprache gemacht? Welche in der Zweitsprache Deutsch?
- ✓ Ist sich das Kind seiner Sprachnot bewusst?
- ✓ Macht es Aussagen über seine Sprachgewohnheiten?
- ✓ Sieht das Kind, welche Fähigkeiten bzw. Defizite es in seiner Muttersprache und in der Zweitsprache Deutsch hat?
- ✓ Wie urteilt es über das Sprachverhalten bzw. –vermögen anderer?[22]

3.2. Kommunikationsanalyse

Die Schwierigkeiten ausländischer Schüler werden in besonderem Maße auch hinsichtlich ihrer kommunikativen Kompetenz sichtbar. Beispielsweise wenn in Texten über Gespräche mit anderen berichtet wird, lassen sich verschiedene Kriterien der Kommunikationsanalyse festmachen:

- ✓ Welche Sprechakte, Sprechhandlungen, verbalen Modi des Sprachgebrauchs, Redestrategien und Kommunikationsstrategien aktualisiert das Kind? Wo sind Defizite erkennbar?

  Beispiele:
  - Fragen stellen
  - Informationen einholen
  - Behauptungen aufstellen

---

[22] Vgl. Hegele und Pommerin, 1983, S. 69.

- Bitten äußern

- Vergleiche anstellen

- Quantitative Aussagen machen, wie z.B. Zeit- und Raumangaben

- Persönlich Stellung beziehen oder sich entschuldigen

- Jemanden begrüßen

- Eigene Gefühle zum Ausdruck bringen

- Eigene bzw. fremde Handlungen erklären

- Probleme darstellen

- Sachverhalte beschreiben

✓ Wurde die Redeintention durchgängig verwirklicht? Gab es Brüche? Waren diese Brüche sinnvoll oder haben sie die Verständigung erschwert?

✓ Inwieweit wurden alle oder zumindest die wichtigsten Personen, die an einer Situation beteiligt waren, in ihren jeweiligen Rollen und Funktionen differenziert wahrgenommen?[23]

3.2.   Grammatikanalyse

Bei der Grammatikanalyse ist es von besonderer Bedeutung die Interferenzfehler der jeweiligen Muttersprache des Schülers zu berücksichtigen (z.B. Die Kleinschreibung von Substantiven). Häufig treten auch Übergeneralisierungen auf.

Die Kriterien der Grammatikanalyse lassen sich einteilen in Kriterien auf der Ebene des Wortschatzes bzw. der Syntax und Kriterien auf der Ebene der Orthographie:

➢ Wortschatz/ Syntax:

    ✓ Welche Wortarten beherrscht das Kind schon? Über welche verfügt es noch nicht?
    Beispiele:

- Unterordnende Konjunktionen

- Adjektive

- Modalverben

- Präpositionen

- Fragepronomen

---

[23] Vgl. Hegele und Pommerin, 1983, S. 69f.

- ✓ Welche Wörter werden korrekt, welche nicht korrekt gebraucht?
- ✓ Wie ist der Wortschatz des Schülers strukturiert?

  Beispiele:

  - Synonyme
  - Antonyme
  - Homonyme

- ✓ Über welche Wortbildungsverfahren verfügt das Kind? Welche fehlen bzw. treten nur als Fehler auf?

  Beispiele:

  - Ableitung
  - Zusammensetzung

- ✓ Welche Deklinationsformen werden gebraucht?

  - Kasus
  - Numerus
  - Genus

- ✓ Welche Konjugationsformen kommen vor?

  - Person
  - Numerus und Tempus
  - Aktiv und Passiv
  - Indikativ und Konjunktiv

- ✓ Welche Fehler treten bei der Flexion von Wörtern besonders häufig auf?

  - Deklination
  - Konjugation

- ✓ Beherrscht das Kind verschiedene Satzarten?

  - Aussagesätze
  - Aufforderungssätze
  - Fragesätze

- ✓ Welche syntaktischen Grundformen deutscher Sätze kommen vor?

  Beispiele:

  - Ergänzungslose Sätze
  - Sätze mit eingliedriger oder mehrgliedriger Ergänzung

- ✓ Spricht und schreibt das Kind noch vorwiegend in Hauptsätzen oder Ellipsen oder kommen bereits komplexere Sätze vor?

- Satzreihen
- Satzverbindungen
- Satzgefüge
  - ✓ Beherrscht das Kind die deutsche Wortstellung?

➢ Orthographie:

Beachtet werden müssen hier insbesondere:
- ✓ Groß- und Kleinschreibung
- ✓ Dehnung und Kürzung
- ✓ Beachtung von Wortgrenzen und Endungen
- ✓ Konsonantenhäufungen
- ✓ Grapheme des Deutschen, die keine Entsprechung in der jeweiligen Muttersprache des Schülers haben und umgekehrt
- ✓ Interpunktion.[24]

„Welche Erfahrungen ein Schüler in einem Lebensbereich gemacht hat, lässt sich allerdings nur dann feststellen, wenn er Gelegenheit erhält, sich auch in seiner Muttersprache darüber zu äußern."[25] Hegele und Pommerin raten deshalb dazu, die Schüler Texte über denselben Lebensbereich sowohl in der Zweitsprache Deutsch, als auch in der Muttersprache verfassen zu lassen und anhand des Vergleiches beider Texte die Abweichungen zwischen den Erfahrungen und der sprachlichen Artikulation zu untersuchen.[26]

---

[24] Vgl. Hegele und Pommerin, 1983, S. 72f.
[25] Hegele und Pommerin, 1983, S. 73.
[26] Vgl. Hegele und Pommerin, 1983, S. 73.

11

4. Textanalyse – individuelle Sprachbiographie, Sprachtests und operationale Verfahren

Die EKG–Analyse schriftlicher Texte, aber auch die Untersuchung mündlicher Sprachäußerungen, kann relevante Hinweise auf die sprachlichen Lernvoraussetzungen von Schülern liefern. Um aber eine einseitige Vorstellung vom kindlichen Sprachstand zu vermeiden, müssen darüber hinaus weitere ergänzende Methoden angewandt werden. So untersucht die Textanalyse zum Beispiel ausschließlich die produktiven Fähigkeiten des Schülers, während sie die rezeptiven außer Acht lässt. Diese können mittels Tests zur Überprüfung des Hör- und Leseverständnisses abgefragt werden. Diese Sprachtests sind jedoch nur bedingt für Kinder geeignet, deren Muttersprache nicht Deutsch ist.[27] „Um die sprachlichen und kommunikativen Kompetenzen eines Kindes in ihrem vollen Umfang einschätzen zu können, reichen weder Textanalysen, noch Sprachtests aus, da sie nur stichprobenartige Momentaufnahmen des Sprachverhaltens darstellen."[28] Hegele und Pommerin empfehlen deshalb, die Schüler über einen längeren Zeitraum hinweg in verschiedenen Kommunikationssituationen zu beobachten und die Ergebnisse in Beobachtungsbögen oder Schülerkarteien zu dokumentieren. In diese Darstellungen sollten auch die Lebenssituation und die Sprachentwicklung des jeweiligen Schülers miteinbezogen werden. „Grundsätzlich empfiehlt es sich, Verfahren, die nur einen schmalen Ausschnitt des Sprachverhaltens erfassen, dafür aber relativ objektiv sind, wie etwa Tests, zu kombinieren mit Verfahren, die ein umfassenderes Bild über das Sprachverhalten des ausländischen Kindes vermitteln, wie Gespräche und kontinuierliche Beobachtungen, dafür aber auf eher subjektiven Einschätzungen beruhen."[29] Es sollen also möglichst viele Informationen zum Schüler und seinem Spracherwerb gesammelt werden. So zum Beispiel auch Daten zur Sprachbiografie, Einsichten in muttersprachliche Fähigkeiten, Aufzeichnungen über sprachliche Besonderheiten und Defizite, Informationen aus Elterngesprächen und Gesprächen mit Kollegen, äußere Lebensbedingungen des Schülers (wie beispielsweise Wohnung, Gesundheitszustand, Berufstätigkeit der Eltern), Brüche und traumatische Erlebnisse in der Biografie des Kindes, die sich möglicherweise auf die Sprachentwicklung einwirken könnten, bisherige Sprachstörungen oder Sprachhemmungen etc. Außerdem soll beobachtet werden, in welchen Situationen das Kind welche Sprache benutzt bzw. welche

---

[27] Vgl. Hegele und Pommerin, 1983, S. 73f.
[28] Hegele und Pommerin, 1983, S. 74.
[29] Hegele und Pommerin, 1983, S. 74.

Sprache generell dominanter ist, in welchen sprachlichen Bereichen es in welcher Sprache weiter fortgeschritten ist und inwiefern es bereits über fachsprachliche Kenntnisse verfügt.[30] Bei der Fehleranalyse muss allerdings beachtet werden, dass Normverstöße auf grammatikalischer Ebene nicht immer mit Verständigungsschwierigkeiten gleichzusetzen sind. „Da sprachliche Abweichungen in lebensechter Kommunikation grundsätzlich im Vollzug sprachlicher Handlungen produziert werden und Fehler nicht [...] ohne weiteres ins Auge fallen, ist es außerordentlich schwierig, diese sprachlichen Abweichungen [...] zu orten [...] zu diagnostizieren und [...] ihren jeweiligen Anteil beim Zustandekommen bzw. Nichtzustandekommen gegenseitiger Verständigung richtig einzuschätzen."[31] Daher müssen diese sprachlichen Abweichungen und Normverstöße gemeinsam mit den Schülern reflektiert werden, um dann festzustellen, inwieweit sie die Kommunikation beeinflussen. Dazu ist es sicherlich von Vorteil, wenn der Lehrer die Muttersprache seines jeweiligen Schülers beherrscht. Neben den Grundkenntnissen in der Muttersprache des Schülers bzw. der Heranziehung von Informationen über die Herkunftssprache zur Beurteilung der (Un-) Wahrscheinlichkeit potentieller Fehlerursachen, werden von einer Lehrkraft weitere Leistungen gefordert, um Sprachlernprozesse differenziert und individuell auf ihre Schüler abzustimmen: Sie sollte sich über typische Auffälligkeiten des so genannten *Gastarbeiter-Deutsch* informieren, die Ergebnisse der *EKG–Analysen* mit den in der Literatur genannten Abweichungen und Fehlern vergleichen, Entwicklungsprozesse im Zweitspracherwerb festhalten und mit der Sprachentwicklung anderer ausländischer Schüler vergleichen.[32]

Wichtig ist stets die Schülerpersönlichkeit sowie deren mitgeteilten Sachverhalte ernst zu nehmen. „Nun besteht bei ausländischen Kindern – wie wir wissen – in vielen Fällen eine Divergenz zwischen ihrem Mitteilungsbedürfnis und ihrer Ausdrucksfähigkeit im Deutschen, so daß die sprachlichen Äußerungen und Texte in der Regel auch nur einen Bruchteil ihrer Erfahrungen und Einstellungen sowie ihres Sachwissens wiedergeben."[33] Dabei dürfen weder die hinter den Texten stehenden Erfahrungen und Intentionen der Schüler zurückbleiben, noch darf ganz auf sprachliche Korrekturen zugunsten der Authentizität und Motivation der Schüler verzichtet werden. Texte sollen also durchaus in der Klassengemeinschaft reflektiert werden, wenn auch auf freiwilliger Basis, um die Intimität des Schülers zu wahren.[34] „Authentische Texte fremder Kinder, Jugendlicher oder Erwachsener und literarische Texte bieten [...]

---

[30] Vgl. Hegele und Pommerin, 1983, S. 74f.
[31] Hegele und Pommerin, 1983, S. 75.
[32] Vgl. Hegele und Pommerin, 1983, S. 75-78.
[33] Hegele und Pommerin, 1983, S. 78.
[34] Vgl. Hegele und Pommerin, 1983, S. 79.

ausgezeichnete Möglichkeiten für eine konstruktive, sprachkritische und kreative Spracharbeit, da solche Texte einmal Identifikationsangebote liefern, zugleich aber auch einen Schonraum für die Identifikation des Schülers gewähren."[35]

Neben Textanalysen, Sprachtests und Beobachtungsbögen lässt sich der Sprachgebrauch ausländischer Schüler auch durch operationale Verfahren, wie Sprachproben verbessern. Die wichtigsten sollen hier kurz aufgelistet werden:

- Klangprobe
- Umstellprobe/ Verschiebeprobe
  (z.B. *Morgen gehe ich in die Schule.* → *Ich gehe morgen in die Schule.*)
- Ersatzprobe/ Austauschprobe
  (z.B. *Hans schlägt seinen Freund.* → *Er verprügelt seinen Kameraden.*)
- Abstrichprobe/ Weglassprobe
  (z.B. *Ich habe gestern für Peter ein Buch gekauft.* → *Ich habe ein Buch gekauft.*)
- Umformungsprobe
  (z.B. *Heide bekam einen Fußball. Der Ball ist aus Leder.* → *Heide bekam einen Fußball, der aus Leder ist.*)
- Erweiterungsprobe/ Entfaltungsprobe
  (z.B. *Sie zogen in die Stadt.* → *Sie zogen in die reich geschmückte Stadt.*)
- Paraphrasierung
  (z.B. *Schneller!* → *Beeil dich!*)

Durch diese Sprachproben können Schüler sprachliche Mittel und deren Wirkung ausprobieren, mit sprachlichen Strukturen spielerisch umgehen und bisher angewandte Sprachmittel und Redewendungen sukzessive erweitern. Das Erproben alternativer Sprachangebote an Textvorgaben können Schüler insbesondere bei ihren eigenen Texten anwenden, besonders an Textstellen, die unverständlich oder mehrdeutig sind, im Widerspruch zu anderen Stellen stehen, zu knapp oder unvollständig sind. Bei der operationalen Erschließung und Überarbeitung authentischer Schülertexte eignen sich auch inhaltliche Nachfragen, die z.B. die Mitschüler an den Verfasser stellen können, um genauer zu erfahren, was dieser mitteilen wollte. Diese Erkundigungen können den Schüler dazu motivieren, seinen Text zu überarbeiten, zu ergänzen, zu differenzieren und umzuformulieren.

---

[35] Hegele und Pommerin, 1983, S. 79.

Im Anschluss an die Textüberarbeitung bietet sich eine erneute Reflexion an, die durch eine inhaltliche Vertiefung des Textthemas angereichert werden kann. Darüber hinaus kann der jeweilige Fachwortschatz erweitert werden.[36]

„Daraus ergibt sich die Notwendigkeit einer differenzierten Gestaltung neu erschlossener Wirklichkeit, die auch in anderen Formen der sprachlichen Verarbeitung zum Ausdruck gebracht werden kann."[37] Dazu eignen sich beispielsweise Gedichte, szenische Darstellungen, Gespräche oder Sprachspiele.

---

[36] Vgl. Hegele und Pommerin, 1983, S. 80-83.
[37] Hegele und Pommerin, 1983, S. 101.

5. Planungshilfen für einen interkulturellen Sprachunterricht

Zu Beginn einer jeden Handlungseinheit des interkulturellen Sprachunterrichts soll es nach Hegele und Pommerin darum gehen, Inhalte zu finden, in denen sich deutsche wie ausländische Kinder wiederfinden können, d.h. Themen, die sie interessieren und die ihre persönlichen Erfahrungen betreffen. Die Schüler selbst sollen dann Wünsche, Interessen und Problemstellungen äußern, mit denen sie sich im weiteren Verlauf des Unterrichts gerne befassen möchten. Hinsichtlich der Arbeitsformen, Methoden und Ziele soll den Schülern ein möglichst großer Freiraum gegeben werden, um ihre Interessen und Erfahrungen möglichst gut zu verwirklichen und auszubauen. Dazwischen soll es Reflexionsphasen mit der Lehrkraft gemeinsam geben, in denen entstandene Texte anhand der Analyse auf Erfahrungs-, Kommunikations- und Grammatikebene immer wieder überarbeitet werden sollen, bis ein konkretes Ergebnis entsteht.[38]

Neben der freien Äußerung von Schülerinteressen, soll bei der Themenwahl außerdem vom Lehrer angeregt werden, dass sich die Schüler mit dem kulturellen Hintergrund, der Sprache und den Lebensgewohnheiten und -vorstellungen ihrer Mitschüler beschäftigen, um gegenseitig voneinander zu lernen. „Daher müssen im Unterricht Situationen geschaffen werden, die es ausländischen und deutschen Kindern ermöglichen, ihre Erfahrungen auszutauschen, im gemeinsamen Gespräch aufzuarbeiten und weiter zu entfalten."[39] Lerninhalte und –ziele sollen sich dabei aber immer von den Schülern und ihren eigenen Erfahrungen her ergeben. Wenn ausländische Kinder ihren Mitschülern etwas mitteilen, steigert sich zudem ihr Selbstbewusstsein, ihre Motivation und die Fähigkeit, sich in der Zweitsprache zu verständigen. Vorurteile und Fremdheitserlebnisse zwischen deutschen und ausländischen Kindern werden außerdem abgebaut.
Ein mögliches Thema könnte beispielsweise „So leben wir" lauten. Dabei würde sich ein Einbezug der Eltern ausländischer Kinder eignen, um das Familienleben zu thematisieren.[40] Ein anderes Thema könnte heißen: „Wer bin ich – wer will ich sein?". Diese Themenstellung legt den inhaltlichen Schwerpunkt auf Kultur- und Identitätskonflikte. Ausländische und deutsche Kinder sollen diese Konflikte erkennen und möglichst auflösen können. Sie sollen sich dabei mit ihrer eigenen Identität ebenso befassen, wie mit der ihres Gegenübers.

---

[38] Vgl. Hegele und Pommerin, 1983, S. 102.
[39] Hegele und Pommerin, 1983, S. 105.
[40] Vgl. Hegele und Pommerin, 1983, S. 105-108.

6. Quellenangabe

Hegele, I. und Pommerin, G.: *Gemeinsam Deutsch lernen. Interkulturelle Spracharbeit mit ausländischen und deutschen Schülern*, Quelle & Meyer Verlag Heidelberg, 1983.